우리가 정말 친구일까

소중한
존재에게
집중하기 위한
질문

우리가 정말 친구일까

빌헬름 슈미트 지음 | 장혜경 옮김

심플라이프

–

친구(親舊) [명사]

오래 두고 가깝게 사귄 벗

–

우정(友情) [명사]

친구 사이의 정

•

•

•

나에게 친구란?

_______________________________________ !

차례

친구란 누구인가

마음을 나누는 오랜 친구가 있는가? 그 친구는 당신에게 어떤 존재인가? 그 친구와 어떤 관계인가?

우정은 중요하다. 아무리 시대가 변했다고 하지만 우정의 가치는 크게 달라지지 않았다. 마음이 맞는 친구를 찾아 가상 공간을 헤매는 시대임에도 우정을 소중히 여기는 사람은 여전히 많다.

사실 우정은 계속 변해왔다. 옛날 사람들은 작은 마을에서 함께 살았기 때문에 온 마을 사람들이 서로 속을 터놓고 지내는 친구나 다름없었다. 그러나 대도시에 사는 현대인들은 희귀 식물을 찾듯 친구를 찾아야 하고, 찾다가 도저히 안 되면 인터넷이라는 가상 공간까지 밀고 들어가야 한다. 예전엔 아주 나쁜 일이 일어나지 않는 한 한번 맺은 우정은 평생을 갔지만 요즘엔 그렇지도 않다. 상황에 따라 우정도, 사랑도 쉽게 변하고 그 가치도 많이 변했다. 눈에서 멀어지면 마음에서도 멀어지는 법, 눈에서 보이지 않으면 우정도 점점 옅어진다.

그럼에도 우정은 소중하다. 우정은 현대인의 기능적 인간관계를 보완하는 평형추와 같다. 물론 직장 등 사회에서 맺는 기능적인 인간관계도 유익한 측면이 있다. 그런 관계는 일상생활의 어려움이나 노동의 수고를 덜어준다. 하지만 애정도 적고 접촉도 많지 않은 관계이기에 분명 한계가 있다. 굳이 힘들여 개인적인 친분을 쌓지 않아도 세상은 잘 돌아갈 테지만 어느덧 마음 한구석에 휑한 빈자리가 남고 그것이 때로는 참기 힘든 존재의 부재로 다가올 것이다. 평행선을 달리며 일을 하고 적당한 거리를 두며 살아가는 편리함은 있을지언정 내밀한 관계를 맺지 못하는 어려움도 발생한다.

온라인과 오프라인을 가리지 않고 우정의 가치가 재발견되고 있는 이유도 아마 거기에 있지 않을까. 감정적, 사회적 고립을 걱정하는 현대인들이 다시 우정을 향해 눈길을 돌리고 있다. **매일 만나는 수많은 얼굴들 틈에서 하나의 얼굴이 익명성의 파도를 헤치고 나에게 다가와 지인이 되고 친구가 된다. 이 얼마나 기쁜 일인가!**

현대인이 열렬히 사랑하는 '자유'는 언제라도 서로에게서 멀어지고 해방될 수 있다는 부정적 측면에만 머물러선 안 된다. 자발적으로 서로에게 다가가 나란히 걸으며 인생의 밀림을 함께 헤쳐나가는 긍정적 측면의 자유도 발견되고 이어져야 한다.

우정은 순전히 자유로 선택한 관계다. 타의에 의해, 필요에 의해 꿰어진 관계가 아니다. 따라서 우리는 우정을 통해 어떻게 인간관계를 쌓아갈 수 있는지, 어떻게 하면 아름다운 인간관계가 가능한지를 배우고 훈련할 수 있다. 또 관계 맺기가 결코 쉽지 않음에도 모든 이기심이 사라진 삶의 형태를 우정을 통해 경험할 수 있다.

물론 사랑도 자유로 맺은 관계다. 하지만 우정과 달리 사랑하는 연인들은 자유의 엄청난 상실을 감수해야 한다. 바로 사랑이 가진 욕망의 열정, 은밀한 일상을 공유하는 습관, 다른 관계를 허용하지 않는 배타성 때문이다. 하지만 우정은 사랑과 달리 온갖 종류의 관계를 허용하며 넓은 인맥을 우정이란 이름으로 묶어둘 수 있다. 사랑은 현대인이 원하는 자유를 속박하지만 우정은 그 자유를 기꺼이 감당한다. 사랑이 힘든 만큼 우정은 흥미롭다. 언젠가는 이 두 종류의 관계를 융합할 수 있는 날이 오지 않을까?

어쨌든 아름답고 행복한 삶을 위해서는 우정을 포기할 수 없고, 그렇기에 우정을 쌓는 기술은 삶에 꼭 필요하다. 충만한 삶을 살려면 누구나 타인과 친밀한 관계를 맺고 애정과 접촉을 주고받아야 한다. 그것을 통해 비로소 삶의 근본적 풍요로움을 느낄 수 있기 때문이다. 그러므로 친구가 없는 자아는 가난할 것이며 말할 수 없이 고독할 것이다. 나아가 우정은 상당 부분 삶의 의미도 채워준다. 친구란 존재는 서로의 인생에 의미를 선물하기도 하지만 그렇다고 모든 의미가 단 한 번의 우정에 좌우되는 것은 아니다. 점점 더 많은 사람들이 진짜 우정을 차곡차곡 쌓아가기 위해 노력하고 있는 건 그 때문이다.

분명 우정은 수많은 인간관계 중 사적 영역으로 한 걸음 후퇴하는 관계다. 바로 그것이 우정의 좋은 점이기도 하다. 동시에 우정은 불가피하게 사적인 영역을 넘어 사회 전반의 발전에도 영향을 미친다. 사회의 구성과 성립은 개인들의 사교성에 달려 있기 때문이다.

그러나 우정에 주목하자는 말이 모든 사회관계가

우정이 되도록 힘써야 한다는 뜻은 결코 아니다. 힘쓴다고 될 일도 아니다. 다만 기능적 관계가 지배하는 현실에서 우리 개개인이 조금 더 우정의 가치에 무게를 둬 사회를 보다 친절하고 아름답게 만들 수 있지 않을까 고민해보자는 말이다.

우정이라고 해서 다 같은 우정은 아니다. 우정에도 여러 종류가 있다는 사실은 우리도 이미 경험으로 알고 있다. 기원전 4세기에 아리스토텔레스는 『니코마코스 윤리학』에서 우정을 세 가지로 구분했다. 이 구분은 오늘을 사는 우리에게도 매우 유익하므로 잠깐 짚고 넘어가 보자.

아리스토텔레스가 말한 첫 번째 우정은 주로 '공동의 즐거움'을 지향한다. 두 번째 우정은 '이익을 먼저' 생각한다. 하지만 모두가 꿈꾸는 진짜 우정, 즉 세 번째 우정은 어떤 계산도 없이, 서로의 영혼을 어루만진다.

21세기에는 여기에 '가상 세계의 우정'이 추가된다. 미디어와 인터넷을 통해 만들어지고 쌓아가는 가상의 우정은 나름의 특별한 점이 있다. 이 책에서는 그 부분도 잠시 살펴볼 것이다.

우정이 행복을 준다는 건 굳이 설명할 필요가 없는 사실이다. 좋아하는 친구와 시간을 보내면서 우리는 셀 수 없이 멋진 경험을 나눈다. 서로의 몸과 마음, 영혼에까지 영향을 미치고, 가치를 나누고, 서로 은밀한 속마음이나 생각을 공유하기도 한다. 하지만 그렇다고 해서 내내 우정의 찬가만 부를 수는 없는 노릇이므로 3장에서는 우정의 문제점을 잠깐 살펴보고 해결 방안도 모색해볼 것이다.

친구가 멀어지는 데는 여러 가지 이유가 있다. 서로에 대한 관심이 부족해서, 무심코 던진 비판의 말 때문에, 서로의 차이와 불균형이 심해져서, 지나치게 가까워지려 하거나 상대에게 바라는 게 많아져서, 또는 어떤 일로 부담이 생겨서, 서로에게 다양한 영향력을 행사하려는 욕심(권력욕) 때문에 멀어지기도 한다. 이 책에서는 이 부분도 다룰 것이다.

책의 말미에서는 한 가지 형태의 우정을 더 이야기한다. 인생의 많은 것을 떠받치는 기둥, 바로 자신과의 우정이다. **아리스토텔레스는 자신과 사이가 좋지 않으면 타인과 건강한 관계도, 우정도 맺을 수 없다고 말했다. 자신과 사이가 좋지 않을 때는 타인에게 관심을 돌릴 힘이 없어지기 때문이다.** 끝없는 관심과 성찰로 자신을 제대로 파악하고 규명한다면 스스로를 포기하지 않고도 타인을 위해 존재할 수 있다. 자신에게 애정이 있어야 타인에게도 애정을 베풀 수 있다. 이런 자기 성찰과 자기 규명의 노력이 아무리 힘들고 고단하더라도 우정이라는 이름의 관계가 전해줄 충만함에 비하면 새 발의 피일 뿐이다.

1장

우리는 어떤 친구일까

우정이란 무엇인가에 대한 해석은 사회마다 조금씩 다르다. 각자 속한 사회에서 예로부터 전해 내려와 지금까지 통용되는 나름의 관념이 조금씩 차이가 날 것이기 때문이다. 하지만 우정의 최고 조건으로 서로를 향한 신뢰와 이해, 공감을 드는 데는 큰 이견이 없지 않을까.

물론 사회마다 방점은 다를 수 있다.

우정은 한번 맺으면 평생 가는 것이므로 죽는 날까지 지키기 위해 노력해야 할까? 아니면 일시적 관계에 불과하다는 것에 암묵적으로 동의할까? 우정은 가족의 개념과는 완전히 다른 독립적 관계일까? 아니면 가족만큼 가까운 친구는 가족에 포함시켜도 무방할까?

현대 사회 이전에는 우정의 방식이 대부분 문화에 의해 정해졌다면, 현대 사회에서 친구는 각자가 우정의 방식을 스스로 자유롭게 정할 수 있다. 우정이 무엇이며 우정에 어떤 의미를 부여할 것인지, 우정을 어떤 방식으로 쌓아갈 것인지, 자신에게 중요한 것이 무엇이며 서로에게서 어떤 점을 높이 평가할지, 서로에게 바라는 바가 무엇이며 무엇을 고백할 것인지, 어떤 지점을 서로 건드리지 말아야 할지를 각자 알아서 정할 수 있는 것이다.

그런데 문화적이건 개별적이건 관계없이 우정은 주로 동성 간에 맺어지는 관계다. 남자는 남자끼리, 여자는 여자끼리 우정을 맺는다. 물론 이성 간 우정도 존재하긴 하지만 장기적이고 안정적인 관계로 이어질 가능성은 그리 크지 않다. 왜 그럴까? 이유는 다양하지만 가장 큰 것은 일단 이성 간의 접근은 대부분 성적 측면이 개입되기 때문이다. 이 부분이 우정을 잠식해버리기 십상이다. 그렇게 되면 다시 오직

한 가지만이 중요해진다. 따라서 동성을 사랑하는 사람들의 경우 거꾸로 이성과의 우정이 성적 측면이 배제된 편안한 성격을 띠게 된다.

우정이 주로 동성 간의 관계인 또 하나의 이유는 남녀의 감정, 사고, 생활 방식이 서로 다르기 때문이다. 물론 남녀가 다르다는 사실 자체를 부인하는 사람도 많고 남녀가 다른 지점을 정확히 규명할 수 있는 것도 아니다. 그럼에도 나와 성별이 다른 사람에게 연신 서로의 차이점을 설명하는 일은 고단하기 짝이 없다. 또 심리학자 베레나 카스트가 『최고의 친구』에서 말했듯 설명을 한다고 해서 상대가 제대로 이해할 수 있는 것도 아니다.

동성 친구는 더 쉽게 자신을 인정해주고 자신의 존재 방식을 지지해줄 수 있다. 이때 우리는 기분이 뿌듯하고 마음이 편해진다. **사실 우리가 겪는 수많은 문제는 그것이 나 혼자만의 문제가 아니라 같은 성을 타고난 모든 사람들이 공통적으로 겪는 문제라는 사실**

을 알고 나면 훨씬 견디기 수월해진다. 사춘기나 노화 시기에 동반되는 신체적, 심리적 변화가 대표적인 사례일 것이다. 따라서 동성 친구 관계에서는 성별이 다른 상대의 요구를 만족시켜주어야 하며, 상대의 입장에서 상처가 될 만한 어떤 실수도 해서는 안 된다는 잠재적 압박감, 자신의 생각이나 기분, 행동에 대해 상대에게 양해를 구해야 하는 불편함 등이 모두 사라진다. 남녀의 차이가 비록 사회화의 결과물인 '사회적 구성(social construction)'에 불과할지라도 기존의 차이점을 무시할 수는 없는 일이다.

그렇다면 우정은 어떻게 맺어질까? 당연히 우정의 기본 조건은 우정을 맺겠다는 마음가짐이다. 우정을 향해 활짝 열어젖힌 마음이다. 관계 맺기를 좋아하거나 싫어하는 성향은 타고난 기질과 문화적 영향에도 좌우되지만 그 못지않게 개인의 선택도 중요하다. 타고난 가족 관계는 내 뜻에 맞게 바꿀 수 없는 필연적 관계다. 그러나 우정은 비교적 자유롭게 선택할 수 있다. 여기서 선택은 상대를 향해 다가가는 적극적 선택일 수도 있고, 상대의 접근을 애써 막지 않는 수동적인 선택일 수도 있다.

우정이 맺어질 때 무의식적 감정과 의식적 고민이 동시에 참여하지만 가장 중요한 것은 서로에 대한 호감이다. 이제 막 서로를 알아가는 두 사람은 상대의 매력에 반응한다. 흥미와 호감과 신뢰를 느끼고 서로를 사랑스럽게 바라보며 감탄하기에 상대에 대해 더 많이 알고 싶다는 바람이 생겨난다. 그 호감은 1초도 안 되는 짧은 순간에 생긴 감정일 수도 있고, 처음에는 무관심했거나 심지어 거부감을 느꼈지만 오랜 시간을 거치며 서서히 생겨난 감정일 수도 있다. 마치 좁은 의미의 사랑과도 유사하다. 친구는 서로에게서 유사점을 발견하고 같은 관심과 경험을 공유하기도 하지만(유유상종), 정반대로 관심이 다르고 서로 너무 성향이 달라서 매력을 느끼기도('반대라서 더 끌린다') 하기 때문이다.

일방적일 수 있는 사랑과 달리 우정의 특징은 상호성에 있다. 그렇지 않다면 우정이 아닐 터이다. 게다가 상호 관계의 기본은 서로에 대한 호의다. 그리고 이런 호의는 반드시 명확히 드러나야 한다. 상대가 모르게 호의를 품어봤자 그게 무슨 의미가 있겠는가. 서로가 호의를 확실히 알아챌 수 있어야 그 호의에 응답할 수 있고 관계가 진전할 수 있다. 이런 터전에서라면 우정은 무한히 성장 가능하다.

아리스토텔레스는 『니코마코스 윤리학』에서 우정에 관해 언급한 후 우정을 세 가지 종류로 구분했다.

첫 번째인 '쾌락의 우정'은 서로의 즐거움을 위해 맺어진 관계다. 물론 즐거워지려는 욕구는 우리가 친구를 찾고 만나는 주요한 이유다. 우리는 친구와 즐거움을 나누고 재미있는 경험을 하며, 흥겨운 대화를 나누고 친절을 주고받는다. 기분을 전환할 거리를 찾고 인생을 즐기고 재미를 추구한다. 비난할 이유가 전혀 없는 행동이다. 특히 젊은 시절에는 더욱 그러하다. 아리스토텔레스가 살던 시대에도 젊은이들은 '즐거운 것과 직접적으로 자극을 주는 것'을 찾아다녔다. 따라서 쾌락의 우정에서 친구 사이는 복잡하지 않고 경쾌하며 유쾌하다. 그리고 이런 목적을 위한 관계는 보통 피상적이다. 대부분 절로 그렇게 된다. 호감을 흐릴 수 있는 어떤 부분도 깊게 파고들지 않으므로 자신의 내면을 밖으로 드러낼 이유가 없기 때문이다. 미국 문화에선 이를 두고 "We don't go there"라고 부른다. 보통 우정이라 하면 섹스를 하지 않는 관계지만 종종 섹스를 동반하는 경우도 있다. 사실상 애정 관계지만 서로를 '남자 친구', '여자 친구'라고 부르는 연인 관계도 우정이라고 부를 수 있으니까 말이다.

그러나 이처럼 즐거움에 주안점을 둔 우정은 자칫 나쁜 길로 빠질 수 있다. 오로지 쾌락을 위해 실제로 유익하지 않은 관계에도 발을 들여놓기가 쉽기 때문이다. 단지 상대와 호감을 주고받는 상황을 만들기 위해, 또는 상대를 지지하기 위해 없는 돈을 끌어다 쓰기도 한다. 설령 그렇지 않더라도 쾌락이란 것이 오늘은 있다가도 내일은 사라질 수 있는 변덕스러운 것이기에 오직 쾌락만을 목표로 삼는 관계인 경우 그 자체로 문제의 소지가 있다. 이런 관계에서는 함께 있을 때는 기분이 좋기 때문에 상황이 바뀔 수 있다는 상상을 하지 못하지만 쾌락이란 그 본성상 영원히 지속될 수 없으므로 지속적으로 새로운 쾌락을 만들어내야만 한다. 따라서 과도하게 쾌락을 좇다 보면 어쩔 수 없이 나중에는 꽤 긴 작전 타임을 가져야 한다.

쾌락 원칙에만 방점을 찍다 보면 실망하기 쉽다. 쾌락이 지나고 나면 즐겁지도 않고 의욕도 없는 단계가 반드시 도래하기 때문이다. 그러면 그 관계는 금세 부담스러워진다. 그래서 이 첫 번째 우정은 가장 피상적인 종류의 우정이다. 쾌락이 끝나면 우정도 막을 내리고 "이제 그만 안녕"을 고한다. 최선의 경우 그래도 좋았던 기억은 남는다. "우리 함께 참 아름다운 시간을 보냈지!"라는 쓸쓸한 독백과 함께 우정은 아스라한 추억이 된다.

두 번째 종류의 우정은 서로에게 약속하는 이익에만 관심을 기울이는 우정이다. 이런 우정을 과연 우정이라 부를 수 있을까? 하지만 관계가 가져다줄 이익을 살피고, 그 이익에만 열을 올리는 사람들끼리 서로를 친구라고 부르는 문화권은 의외로 많다. 실제로 적지 않은 사람들이 앞서 말한 쾌락의 영역과 지금 말한 이익의 영역에 둥지를 튼다. 동성 간의 관계뿐 아니라 이성 간의 관계에서도 그러하다.

이 두 번째 우정, 이른바 조력자 우정에서 이익이란 실질적인 생활의 도움이다. 꼭 비즈니스 관계가 아니더라도 서로를 잘 이해하고 원활하게 소통하여 활동을 돕는 '비즈니스 친구'의 경우 이익은 정직하게 표현된다. 현대에 들어서는 정치적 커리어를 위해 관계를 이어가지만 자신의 앞길을 가로막을 경우 최악의 적으로 돌변하는 일종의 '파벌 친구'도 자주 볼 수 있는 우정의 형태다.

이익은 물질적 차원에서 그치지 않는다. 예로부터 명망 있는 사람과 친분을 맺으면 애정이 없더라도 사회적 명성을 얻을 수 있었다. 일반적으로 유익함의 친구는 서로에게서 오래가는 진정한 관심을 찾으려고 노력한다. 그래야만 최대의 이익을 올릴 수 있다. 상대가 이용당한다는 느낌을 받으면 이익 관계가 성립될 수 없을 테니까 말이다.

그러나 이익에만 집착하는 일은 그리 즐겁지 않고, 과할 경우 심각한 '복통'을 유발할 수 있다. 따라서 자신의 우정이 어떤 종류인지, 거기서 무엇을 기대할지 적어도 자신은 미리 파악하고 각오를 다져야 한다. 그러지 않으면 유익함의 우정은 오해의 온상이 되기 쉽다. 대부분의 급부와 반대급부는 그 자체로 입증되지 않으므로 오해하기 십상이고, 그러면 어쩔 수 없이 각자가 상대에게 기만당하고 이용당하며 부당한 대접을 받고 있다는 기분에 사로잡힌다. 유익함의 우정은 쾌락의 우정과 비슷하게 은근히 기대했던 이익이 발생하지 않을 경우 일찍 끝나버릴 위험성이 크다. 그래서 시들어가는 애정 관계가 그렇듯 입에서 자동적으로 "더 이상 아무 소득이 없다"는 말이 툭 튀어나오는 것이다.

세 번째 종류의 우정은 아리스토텔레스도 이미 주목했으며 모든 시대의 모든 인간들이 바람직하다고 생각하는 참된 우정이다. 참된 우정만이 친구를 쾌락과 이익이라는 이기적 목적을 이루는 수단으로 보지 않고 우정 자체를 목적으로 바라본다. 물론 즐거움과 이익을 완전히 배제하는 것은 아니지만 **참된 우정은 목적을 추구하는 관계가 아니라 그 자체에 목적을 담**

는다. 상대를 그냥 좋아하고 그냥 상대와 함께 있고 싶다. 상대와 함께 인생길을 걷고 싶고, 공간이나 신체의 의미보다는 정신과 영혼의 의미에서 상대와 '함께 살고' 싶다는 소망을 품는다. 그런 관계에서는 편협한 자기 이익은 저절로 한걸음 뒤로 물러난다.

참된 우정의 특징은 완벽하게 자의로 선택한 서로에 대한 호감이며, 지속적인 상호 관심과 상대를 먼저 생각하는 애정이다. "그가 그이기 때문이며, 내가 나이기 때문이다." 16세기에 미셸 드 몽테뉴는 『수상록』 1권 28장에서 에티엔 드 라 보에티와의 우정을 이 한마디로 정리했다. 두 사람은 에티엔이 요절할 때까지 전무후무한 참된 우정을 나누었다. 그런 참된 우정은 다른 관계와 달리 나쁜 험담이 끼어들지라도 흔들리지 않으며 아리스토텔레스가 말했듯 "비방이 접근하기 힘들다." 친구끼리 서로를 너무 잘 알고 매우 친밀하기 때문에 두 사람 사이를 다른 사람이 비집고 들어갈 틈이 없다. 진정한 친구는 자아의 씨앗에, 자아의 '심장'에 확고하게 뿌리를 내린다.

이런 관계는 본질적으로 자기 규정에 기여하며 결코 지엽적이지 않다. 친구는 굳이 이 자리를 찾아와 말을 하지 않아도 내 안에서 큰 목소리를 낸다. 친구는 쉴 수 있는 쉼터였다가 독려와 자극을 아끼지 않는 채찍이 된다. 참된 친구는 인생의 방향등이며 기준점이기에, 우리는 참된 우정을 나누는 친구를 일컬어 그냥 좋은 친구라 하지 않고 '최고의 친구'라 부른다.

참된 우정은 누구에게도 허락하지 않는 특혜를 선뜻 상대에게 내어주고 어떤 계산도 하지 않으며, 상대의 입장을 이해하고 상대의 마음에 공감하려 노력한다. 그리고 이 모든 행동에는 우정 그 자체 말고는 다른 이유가 없다. 참된 우정은 상호성의 법칙을 벗어난다. 선행에 대한 보상이 되돌아오는 데 오랜 시간이 걸릴 수도 있다. 그러나 시간이 흐르면 결국 모든 빚은 절로 청산된다. 또 쾌락의 우정이나 유익함의 우정과 달리 한동안 상대에게 과도한 요구를 하더라도 관계가 쉽게 흔들리지 않는다.

당연히 이런 종류의 우정을 쌓아가려면 시간이 필요한 법이다. 그런데 현대 사회에선 대다수가 그만큼의 시간을 낼 수 없다. 이런 실질적인 이유 때문에 지금 우리 곁에는 그냥 친구는 많아도 최고의 친구는 기껏해야 몇 명에 불과한 것이다.

21세기에는 이 세 가지 우정을 넘어 아리스토텔레스도 예상치 못했던 또 한 가지 우정이 존재한다. 바로 '가상의 우정'이다. 가상의 우정은 인터넷에서, 기술이 만든 공간에서 다채롭게 펼쳐진다. 인터넷은 초월적 경험을 제공하는 무한한 가능성의 공간이기에 많은 이들을 매료한다. 그곳에선 단순한 현존을 힘겹게 이어가야 할 필요가 없으며, 본질적으로 가능 존재인 대상에 한걸음 더 성큼 다가갈 수 있다.

현재 가상의 우정은 세계적인 디지털 매체를 이용

하는 소셜 네트워크를 통해 맺어진다. 2004년에 설립한 페이스북이 대표적인 사례일 것이다. 여기서는 우정을 쌓으려면 일단 접속을 해야 한다. 중요한 것은 접속자의 숫자다. 한 명 혹은 소수의 상대와 자주 접속하기보다는 횟수가 적더라도 최대한 많은 상대와 접속해야 한다. 접속 숫자가 곧 자아의 의미를 입증하기 때문이다. '친구'라는 이름으로 모든 사람이 볼 수 있도록 공식적으로 말을 걸어오는 상대들에게 자아가 얼마나 큰 의미를 갖는지를, 접속자 숫자가 입증한다. 또 인간 대 인간의 관계가 아니기에 친구들이 굳이 서로에 대해 잘 알아야 할 필요가 없으며, 원한다면 임의의 정체성을 내세울 수도 있다.

그런 가상의 우정이지만 새로운 가능성을 선물하기도 한다. 현실 세계에선 만날 일이 없거나 설령 만나더라도 거들떠보지도 않았을 사람들과 우정을 쌓을 수 있는 것이다. 모든 계층의 사람들, 다른 나라와 다른 문화의 사람들, 직업과 활동 영역이 다른 사람들이 신분이나 명성, 외모에 관계없이 서로 맘껏 소통할 수 있다. 실제 만남에서라면 무척 중요했을 것들이 그곳에선 중요하지 않다. 장애를 가진 사람들도 평소 그를 괴롭히던 접촉의 공포를 잊고 함께 참여할 수 있다. 또한 가상의 만남이 실제 만남으로 이어질 수 있으므로 아날로그 공간에서도 우정을 쌓아갈 수 있다. 물론 종종 사칭한 현실이 실망을 안겨 좋지 않은 부작용을 불러올 위험 역시 있지만 말이다.

가상의 만남도 이익과 쾌락의 우정일 수 있다. 상대와 문제없이 개인적인 교류를 나눌 수 있고, 학업이나 비즈니스에 관한 정보를 교환할 수 있다는 점에서 이익이다. 또 함께 있지 않아도 실시간으로 상대의 삶에 관여하고, 언제라도 가능한 소통으로 연대를 경험할 수 있으며, 자신의 실존을 확인할 수 있다는 즐거움이 있다.

"연결되고 싶다. 살아 있고 싶다."

2010년 7월 24일에 유튜브에 올라온 전 세계 동영상을 짜맞춰 만든 영화 〈라이프 인 어 데이〉(2011년, 케빈 맥도널드 감독)의 마지막 장면에서 한 미국 소녀는 이렇게 말했다. 그 누구도 혼자서 외롭고 고독하게 살 필요가 없다. 모두가 늘 다른 사람들에게 둘러싸여 있다고 느낄 수 있다. 그것이 설령 "마리아는 지금 온라인에 있어요" "카를은 이 사진이 마음에 들어요" "이사벨라가 프로필 사진을 바꿨어요" "막스가 연애 중이에요"처럼 그리 중요하지 않은 소소한 생활의 신호에 불과하더라도 말이다.

한편 소셜 네트워크를 이용해 참된 우정을 가꿀 수도 있다. 물론 이런 경우 대부분은 기존의 현실적 우정이 바탕이 된다. 가상 공간은 친구들의 삶을 이어주는 다리가 될 수 있고 정보 교환의 플랫폼이 될 수 있으며, 일상을 공유하고 함께 게임을 하는 교류의 장이 될 수 있다. 공간적 거리가 완전히 사라지고 귀찮은 시간 약속이 불필요해진다. 온라인으로 들어가면 한눈에 누가 거기에 있는지 파악되므로 한참 뜸했던 친구에게도 다시 연락을 취할 수 있다.

디지털이건 아날로그건 관계없다. 친구는 함께 아름답고 충만한 인생길을 걸어갈 수 있다. 친구와 함께라면 우정이 주는 행복을 다각도로 경험할 수 있다.

내 우정이 진정한 우정인지 제대로 판단하려면 어느 정도 나이가 들어서 지적 능력이 최고조에 달하고 강건해질 때까지 기다려야 한다. 어린 시절에 사냥과 축구 같은 공통 관심사를 가졌다 해서, 성장한 후에도 무조건 가까운 사이를 유지할 수 있을 것이라고 생각하면 오산이다. 성장 과정에서 성격이 변하거나 취향이 바뀌게 마련이고, 서로 다른 취향을 가지면서 어린 시절의 우정은 사라질 수 있다.

_키케로

2장

우정은 인생을 어떻게 바꾸는가

0○

관계 맺음이 있는 삶은 행복하다. 아리스토텔레스의 말대로 배우자, 부모, 자식, 친구, 이웃과 '서로 얽힌' 삶은 행복하다. "인간은 천성적으로 사회적 존재이기 때문이다." 다른 고대 철학자들도 이 말에 동의했다. "자신만 바라보는 사람은 행복한 삶을 살 수 없다." 세네카는 『루킬리우스에게 보내는 편지』의 48번째 편지에 이렇게 적었다. 그렇기에 그는 한 사람이 행복할 때나 불행할 때나 혼자 외롭지 않도록 살펴주는 '우정의 끈끈한 결속력을 가꾸어나가는 것'이 매우 중요하다고 말했다. 하지만 조금 더 자세히 들여다보면 우정이 선사하는 행복도 다 같지는 않다. 우정은 과연 우리에게 어떤 행복을 줄까? 그 다양한 모습을 살펴보기로 하자.

1

친구라는 존재 자체, 친구가 있다는 사실 자체가 이미 행복이다. 우정의 행복은 행운 덕에 찾아온 만남에서 시작된다. 사적인 만남이건, 업무와 관련한 만남이건, 아날로그건 디지털이건, 또래 집단이건 클럽이나 동호회건, 같은 아픔을 겪은 셀프 헬프 그룹이건 상관없다. 연인과 달리 친구는 자신들의 만남이 순수 우연이었으며 그들 스스로 만남에 의미를 부여해야 한다는 사실을 자연스럽게 수긍한다. 그리고 바로 이런 우연의 시작에도 마법은 깃들어 있다. 첫 순간부터 관심을 경험할 때, 그건 행복이 된다. 모두가 갈망하지만 극소수의 관계에서만 얻을 수 있는 소중한 자산, 희귀한 자원이다.

나에게 관심을 보이는 사람, 내 존재에 무심하지 않

은 사람, 내가 잘 지내는지, 어디에 있는지, 무엇을 하는지 몇 번이고 물어주는 사람이 있다는 것은 얼마나 큰 행복인가! 비록 몸은 멀리 떨어져 있어도 누군가의 마음과 영혼이 내 곁에 있다는 사실은 엄청난 확신과 안도감을 선사한다. 언제라도 그에게 갈 수 있고 언제라도 그에게 환영받는다고 느끼며, 그 역시 내게서 그런 느낌을 받는다. 보통은 첫 경험에서 이미 앞으로 가능한 경험들을 예상할 수 있지만, 그럼에도 앞으로의 만남을 더 이상 우연에 맡기지 않으려면 공을 들여 우정을 가꾸어나가야 한다. 관계를 생명으로 채우기 위해서는 지속적인 노력이 필요하며, 그럴 때 우정이 주는 행복 역시 지속된다.

친구를 고를 땐

결의가 굳고 의연하며

꾸준한 사람을 찾아야 한다.

_키케로

2

함께한 아름다운 경험은 행복이다. 친구와 함께 보낸 수없이 많은 멋진 시간들은 행복이다. 함께 음악을 듣고 술을 마시고 파티를 즐기고 밥을 먹고 나들이를 가고 여행을 하고 춤을 추며, 서로의 손을 잡고 밤새 이야기를 나누고 오래오래 함께 거닌다.

이런 행복한 시간에는 인생의 아름다운 가능성이 순간으로 응축된다. 에너지 넘치는 순간으로, 결코 사라지지 않는 영원의 순간으로 단단히 응축된다. 친구들은 이 순간을 사랑하며 그 순간이 영원하지 않다는 사실도 자연스럽게 받아들인다. 어차피 그런 시간은 분명 다시 돌아올 테니까 말이다.

그렇다면 이 행복은 어디서 와서 어디로 가는 것일까? 그런 시간에 경험하는 행복은 영속하는 에너지에서 나오며, 다른 형태들로 넘어갔다가도 결국엔 하나의 형태로 되돌아온다. 친구들은 멈추지 않는 이 과정에 저절로 순응한다. **아름다운 경험은 오래 기억에 남아 울림을 주고, 그중 많은 기억은 평생을 가기도 한다. 과거를 뒤돌아보면서 '우리가 함께 겪었던 모든 것'을 추억하는 일은 매력적이다.** 물론 다시는 떠올리고 싶지 않은 골치 아픈 에피소드들도 있겠지만 그래도 함께한 기억은 아름다운 법이다.

연속성은 모든 경험을 관통하여 둘의 관계를 튼튼하게 하고 시간의 연결만으로도 이미 의미를 보장한다. 추억을 통해 두 사람의 관계는 더욱 깊어지고 가까워진다.

3

서로를 향한 강렬한 감정은 행복이다. 영적인 의미를 선사하는 진심 어린 친밀함, 서로에게 느끼는 감동은 행복이다. 영적인 의미라고? 만물의 기능을 완벽히 꿰뚫어볼 수 있는 요즘 같은 시대에 영혼이라니, 너무 대책 없는 구닥다리가 아닐까? 그러나 물질이 차가운 에너지라면, 영혼은 사람을 소생시키고 사람을 움직이는 흥분 상태의 에너지다. 모든 감정의 움직임은 그러한 에너지를 바탕으로 하며, 관계가 친밀할수록 에너지는 더 자유롭게 서로에게로 흘러들고 증강된다.

물론 우정은 사랑보다는 감정의 폭발이 덜하다. 대신 호감을 넘어선 감동을 통해 밀려드는 조용한 쾌감은 사랑보다 훨씬 크다. 그런 감정을 잘 깨닫지 못

할 때도 있지만 비록 무의식적이라 해도 영향력만큼은 결코 적지 않다. **한 사람이 있어 나에게 호감을 품고, 나 또한 그에게 같은 감정을 품으며, 그가 나를 이해하고 나 또한 그를 이해하며, 그가 나에게 특권을 주고 나 또한 그에게 특권을 준다는 사실은 오래오래 행복을 선사한다.**

『행복은 혼자 오지 않는다』에서 에카르트 폰 히르슈하우젠은 말했다. "친구는 너를 속속들이 알고도 너를 좋아하는 사람이다." 애정을 바탕으로 함께한 오랜 경험은 서로에 대한 감각을 키운다. 그래서 시간이 흐르면 친구가 무엇을 좋아하고 무엇을 싫어하는지, 어떤 것이 친구에게 좋고 나쁜지, 친구가 무엇을 잘하고 못하는지를 상당히 정확히 알 수 있다. 그리고 이런 감각은 상호적이기에 우정은 시간이 갈수록 농밀해지며, 열정적인 사랑과 달리 쉽게 질리거나 시들해지지 않는다.

사랑은 감정인 것 같고 우정은 마음가짐인 것 같다. 사랑은 무생물에게도 느낄 수 있지만 상호간 우정은 합리적 선택을 동반하며, 합리적 선택은 마음가짐에서 비롯하기 때문이다. 사랑하는 사람이 잘되기를 바라는 것은 마음가짐이지 감정이 아니다.

_아리스토텔레스

#4

쉼 없이 나누는 대화는 행복이다. 하인리히 폰 클라이스트가 "재기 넘치는 친구"에게 건넨 충고처럼, 대화를 나누면 부단히 새로운 생각들이 결합되고 말을 하는 동안 점차 생각이 깊어져서 정신적 의미가 탄생한다. 괴테와 실러처럼 유명한 친구들은 넘치도록 많은 대화를 나누었다. 그러나 대화라고 해서 반드시 실제 대화 또는 편지, 전화, 인터넷 등의 통신 수단을 이용한 직접적 교류를 말하는 것은 아니다. 물론 서로에게 최신 정보를 제공하고 상대의 경험과 변화를 이해하려면 실제 대화는 포기할 수 없다. 좁은 의미의 사랑 못지않게 우정에도 중요한 관계의 업데이트를 위해서 실제 대화는 꼭 필요하다. 그렇다고 해도 **우정은 서두를 이유가 없다. 자주 못 보는 친구들**

은 자주 못 보는 연인보다 훨씬 더 독립된 각자의 세상에서 살지만 절대 성급하게 등을 돌리지 않는다. 하루아침에 위태로워지는 우정은 거의 없다.

교류의 나머지는 상상의 대화가 맡는다. 말없이 함께 있어도 좋고 멀리서 일종의 텔레파시로 대화를 나누어도 좋다. 친구와 함께 있지 않아도 그의 목소리가 내 안에서 들린다. 그 순간 실제로 그를 떠올리며 상상의 그와 말을 주고받는 것인지, 아니면 그가 여기 있으면 무슨 말을 할지 훤히 알기 때문에 대화하듯 느끼는 것인지는 잘 모른다. 중요한 것은 사실이 아니라 상상이다. 그가 내 생각에 고개를 끄덕이거나 고개를 젓고 무슨 말을 덧붙이고 내가 미처 보지 못한 것을 지적해준다는 상상이다.

상상의 교류는 쉬이 지치지 않기에 실제보다 더 오래간다는 장점이 있다. 몸은 멀어도 우정의 깊이는 줄어들지 않는다. 다른 사람들은 알아차릴 수 없어도 친구는 생각으로 늘 함께한다.

좋은 우정에는 시간과 친교가 필요하다. 속담처럼 “소금 한 가마니를 같이 먹기 전에는 서로를 알 수 없기” 때문이다.

_아리스토텔레스

5

실제의 대화와 상상의 대화를 통해 주고받는 같은 생각, 같은 해석은 행복이다. 해석은 삶의 모든 측면, 크고 작은 인생의 문제들, 사건과 만남과 경험을 아우른다. 무슨 일이 있었나? 그것은 무슨 의미인가? 어떤 경험을 어떻게 평가할 것인가? 그 안에는 어떤 연관성이 숨어 있을까? 어떤 결정을 지지하는 논리와 반대하는 논리는 무엇인가? 실제로 중요한 것은 무엇인가? 어떤 가치에 어떤 의미를 부여할 것이며, 그 가치를 어떻게 실현할 수 있을까? 무엇이 아름다우며 무엇이 행복인가? 의미 있는 것은 무엇이고 없는 것은 무엇인가? 이런저런 해석과 그 해석의 신빙성 및 이해 가능성을 끊임없이 타진하고 점검하는 일은, 경험에서 교훈을 끌어내어 앞으로 나아가기 위해서 멈추지 말아야 할 우리의 숙제다.

그 과정에서 잠시나마 수용할 수 있는 해답이 있다면 우리는 그것에서 의미와 뜻을 찾고 그 의미를 따라 인생의 항로를 정하여 나아갈 수 있다. 아리스토텔레스가 우정을 "탁월함(aretes)의 훈련"이라 말한 이유도 거기에 있다. **친구는 사물과 사람과 상황을 최대한 잘 판단하여 그것에 가장 잘 대처할 수 있도록 서로를 돕는다.** 흔히 aretes를 도덕적 '미덕'으로 번역하지만 아리스토텔레스가 말한 탁월함은 도덕에 한정되지 않고 인생 전반에 해당한다.

6

친구의 숨김없는 솔직한 태도는 행복이다. 실제 대화나 상상의 대화에서 친구는 '모든 것을 말하기' 위해 노력함으로써 실존의 정직함을 실천한다. 누군가를 친구라고 생각한다고 해서 반드시 그와 같은 감정을 느껴야 하는 것은 아니지만 무릇 친구라면 서로를 솔직하고 정직하게 대해야 한다. 참된 우정의 의미가 바로 거기에 있다. **만남의 횟수는 다른 사람들이 더 많을지 몰라도 진정한 친구와는 더 정직하게 만난다. 그 정직함으로 인해 관계가 부서지는 일은 결코 없을 것이라는 믿음, 아니 오히려 관계가 더 단단해질 것이라는 믿음을 품고서 말이다. 이렇게 비옥한 호의의 땅에서 자라는 이렇게 멋진 정직의 식물을 우정이 아닌 어디에서 만날 수 있단 말인가?**

사랑은 권력 문제가 얽혀 있기 때문에 상대의 정직함을 이용해 약점을 간파하고 내 이익을 관철할 위험이 있다. 그러나 친구는 모든 것을 믿을 수 있기에 혹시 솔직했다가 나쁜 일이 일어나진 않을까 하고 겁먹을 필요가 없다. 우정은 사랑보다 더 직설적으로, 더 정직하게 진실을 말할 수 있다. 한 **사람과 모든 것을, 말하기 껄끄러운 은밀한 일까지도 다 이야기할 수 있다는 것은 참으로 소중한 가치다.** 때로는 의미심장한 침묵만으로도 족하다. "그가 침묵하기만 해도 나는 나의 설명이 얼마나 독선적인지 알아차렸다." 막스 프리쉬의 『몬타우크』에는 이런 구절이 있다. 친구는 진실로 인해 잠시 어색해질 수는 있어도 그것이 결단코 우정을 위태롭게 만들지 않는다는 사실을 확신할 수 있다.

우정에는 또 한 가지 훌륭한 규칙이 존재한다. 우정이 지나쳐서 친구의 앞길을 가로막는 일이 없도록 해야 한다는 것이다.

_키케로

불행을 겪는 친구가 있다면 그쪽에서 청하지 않더라도 기꺼이 찾아가야 마땅하다. 어렵지만 도움을 청하지 않는 사람에게 호의를 베푸는 것이야말로 친구의 몫이기 때문이다.

_아리스토텔레스

7

바깥에서 나를 바라보는 친구의 시선은 행복이다. **밖에서 바라본 내가 어떤 모습인지 알려준 친구의 솔직한 말은 오래 기억에 남아 나 자신을 객관적인 시선으로 볼 수 있게 해준다. 이런 친구의 시선이 없다면 나는 영원히 내 안에 머물러 좁은 나만의 인식과 생각의 틀을 벗어나지 못할 것이다. 친구는 일정한 간격을 두고 저 높은 곳에서 내 인생의 큰 고개를 내려다보며 나의 여정이 어디로 향하는지 말해준다.** 나의 지평이 너무 좁아지면 친구는 내가 미처 보지 못했던 생각과 측면들을 채워 나의 지평을 넓혀준다. 따뜻하지만 분별력 있는 관심으로 내가 내 자아의 핵심을 지킬 수 있게 도와준다. 나의 내적 맥락과 나 자신의 의미를 지킬 수 있게 도와준다.

따라서 오래가는 우정은 너무나 소중하다. 누구든 혼자서는 중요한 가치와 목표를 놓치기 쉽고, 스스로 선택한 원칙을 실천하는 데 소홀하기 쉽다. 내게 머무르는 친구의 시선을 느끼면 의욕이 생겨 더 노력할 수 있다. 친구는 그렇게 서로를 지탱해주면서 존재의 실체를 잊지 않는다. 너와 내 현실의 본질은 무엇인가? 마르지 않는 우리의 가능성은 어디에 있는가? 친구는 현 상황 너머의 내 가능성을 보며, 나 역시 그의 가능성을 본다. 현실에서 실수를 범하거나 가능성을 잊을 경우 서로 지적하여 제때에 되돌릴 수 있게 도와준다. 가능성을 실천하는 일은 시간이 오래 걸리는 고단한 작업이지만 서로의 영적·도덕적 지원이 있다면 한결 수월할 것이다. 그는 나를 다독이며 가능한 모든 것이 전부 현실이 될 수는 없다는 사실을 일깨워주고, 덕분에 나는 자신과 남과 삶과 세상을 탓하고 싶은 유혹에 넘어가지 않고 다시 한 번 노력할 수 있다.

8

우정이 경험하는 인생의 충만함은 행복이다. 우리가 한껏 즐겼던 아름다운 순간도, 들러리에 불과했던 아름답지 못한 순간도 충만함의 시간이다. 숨 막힐 듯 아름다운 순간뿐 아니라 힘겹게 버텼던 시간도 삶을 풍요롭게 한다. 따라서 아름다운 순간을 수집하는 데서 그치지 않고 힘겨운 시간을 잘 이겨내는 것도 참된 인생의 기술이다. 그 힘든 시간이 서로의 유대를 확인하는 강렬한 의미 체험이 될 테니까 말이다. 인생을 편안하게만 살려고 노력하는 것은 쾌락의 우정이 택하는 길이다. 참된 우정은 불편하고 고통스러운 것도 감싸 안는다.

삶이 불행할 때 친구에게로 도망칠 수 있다는 것은 행복이다. 친구가 문제를 안고 내게로 왔다면, 아돌

프 프라이헤어 폰 크니게가 우정에 관한 책 『인간교제술』에서 말했듯 "도덕적인 교훈들"로 소중한 시간을 허비해서는 안 된다. 친구에게서 완벽을 기대해서는 안 되며 친구가 설사 잘못을 저질렀어도 친구가 아닌 외부 상황에 죄를 물어야 한다. 어떤 상황에서도 친구를 지지해야 하며 모두가 친구를 떠나도 우리는 친구 편에 서야 한다. 아무도 친구를 이해하지 않아도 우리는 친구를 이해하려 노력해야 하고, 친구의 말이 전부 다 거짓이 아닌 이상 '열과 성을 다해' 친구의 편이 되어주어야 하며, 친구가 중상모략을 당한다면 친구의 명예를 되찾아주어야 할 것이다. 설사 친구가 한심한 짓을 저질렀다고 해도 재미난 농담거리로 삼을 수는 있을지언정 비난의 계기로 삼아서는 안 된다.

친구끼리는 무엇이든 두려움 없이 터놓고 이야기할 수 있다. 아무리 힘든 일도 속 시원히 털어놓고 나면 마음이 한결 가벼워진다. 이런 식으로 타인의 삶을 함께 경험하고 자신의 삶을 다채롭게 만들 수 있으니 삶은 절로 풍요로워질 것이다.

우정의 첫 번째 규칙은 옳지 못한 일을 부탁하지 않고 친구를 위해서 오직 옳은 일만을 행하는 것이다.

_키케로

9

불행도 함께할 수 있으면 행복이다. 현대인들은 행복한 순간이 쉬지 않고 이어져야 행복이라고 생각한다. 그러나 행복은 그런 것이 아니기에 문득 이런 의문이 든다. **행복이 가고 나면 무엇이 남을까? 행복이 썰물처럼 빠져나가고 그 자리로 불행이 밀어닥쳤을 때 친구는 따뜻한 대화의 상대이자 영혼의 버팀목이 되어준다.** 불행이 닥치면 삶은 무겁게 어깨를 짓누르고, 우리는 그 무게에 눌려 주눅이 들고 풀이 죽고 울적해진다. 하지만 한쪽이 용기를 잃으면 다른 한쪽이 용기를 북돋는다. 인생의 케이크가 다 무의미해져버려도 남은 한 조각의 의미를 지켜낸다. 캐럴 킹이 부른 노래의 제목처럼 "너에겐 친구가 있잖아(You've got a friend)"라고 다독이면서. **굳이 온갖 위로의 말로 우울**

한 친구의 고통을 달랠 필요까지도 없다. 생각과 느낌으로 그의 곁에 있어주는 것만으로도 충분하다.

주눅이 들고 슬프고 절망적인 기분은 금방 다시 회복되는 일시적인 상태일 수도 있지만 일정한 간격을 두고 찾아와 오래 머무는 고통스러운 상태일 수도 있다. 후자의 경우, 감정과 생각이 얼어붙어서 의학적인 도움 없이는 도저히 극복할 수 없는 우울증과 헷갈릴 때가 많다. 하지만 울적하고 침울한 상태에선 겉보기와 달리 생각과 감정이 격하게 움직이기 때문에 그 격동의 심정을 솔직히 털어놓을 수 있는 친구보다 더 유익한 것은 없다. 이런 상태를 예로부터 멜랑콜리라고 불렀다. 유한하지만 불확실하고 깊이를 알 수 없는 삶의 얼굴을 똑바로 쳐다본 영혼이 선택할 수 있는 한 가지 존재 방식이다. 사실 어찌 보면 비극을 모조리 부정하는 태도보다는 멜랑콜리를 동반하는 비극적 인식이 더 나을 수도 있다. 그러나 아무리 그렇다고 해도 그 상태에 매몰되어 친구에게 과도한 부담을 안겨서는 안 된다. 아무리 옆에서 친구가 도와주고 지지해주더라도 고독은 소멸되지 않으며 자신의 인생은 스스로 살아야 한다. 그 누구도 대신해서 살아줄 수 없는 것이 인생이다.

훌륭한 사람들 간의 우정은 교제를 통해 더욱 증진된다. 그들은 우애를 발휘해 상대방을 더 나은 사람이 되게 함으로써 자신도 더 나은 사람이 된다. 저마다 상대방의 특징 가운데 자기 마음에 드는 부분을 본받기 때문이다.

_아리스토텔레스

10

그 무엇보다도 친구들이 서로 도와 완성하는 자기 너머의 삶이 가장 큰 행복이다. 때로는 그냥 함께 있기만 해도 그 평범한 시간이 삶을 비범하게 만든다. 친구와 함께 있으면 친구가 된다. 친구의 곁에선 답답한 나의 현실과 삶과 사람들과 세상을 친구의 시각에서 바라볼 수 있고, 그를 통해 다시금 안도하며 큰 숨을 내쉴 수 있다. 세상 끝 오지에서도 친구만 함께 있으면 집에 온 듯 푸근하고, 난생처음 접하는 낯선 문화도 친구를 통하면 내 것인 양 친숙해진다. 그렇기에 **친구와 함께하면 삶이 더 다채롭고 더 흥미로우며 더 아름다워진다. 혼자일 때보다 훨씬 더 많은 가능성을 갖게 되고 그 가능성을 실천할 더 큰 용기도 길어낼 수 있다.**

우정은 인간의 유한성을 뛰어넘는 초월의 힘이 될 수 있다. 사랑과 같이 우정에도 영원의 차원이 숨어 있기 때문이다. 친구 자체는 유한하지만 우정은 유한하지 않다. 연인의 사랑처럼 친구의 우정도 죽음을 넘어 유지될 수 있다. 오래전에 죽은 사람도 상대의 기억에선 오래오래 남기에 그렇다. 영혼이 무(無)로 사라지지 않는 에너지라는 말이 맞다면 사랑하는 연인뿐 아니라 친구들도 계속 함께할 수 있을 것이다. 우정은 내세를 가정하지 않고 현세에 머무는 초월적 의미다.

그러나 아무리 초월적인 우정이라도 평범한 일상에서는 온갖 문제를 겪기 마련이다. 그 문제들이 때로 우정을 흔들 수 있다.

3장

우정을 위협하는 것들

우정을 통해 경험할 수 있는 행복이 제아무리 충만하다 해도 문제가 전혀 없을 수는 없다. 어쩌면 충만함은 원래 대립과 모순을 오가며 생겨나는 것인지도 모르겠다. 살아 있는 모든 것은 양가적이다. 그것을 문제 삼을 필요는 없다.

그럼에도 대립을 잘 소화할 수 없는 사람들에게 그런 상황은 과도한 부담이 된다. 우정 역시 사랑과 마찬가지로 대립을 오간다. 따라서 우리는 좋은 감정과 나쁜 감정, 이해와 오해 혹은 몰이해, 가까움과 멀어짐의 대립을 오가며 우정이 살아 숨 쉴 수 있도록 노력해야 한다.

어떤 때는 너무 가까웠다가 또 어떤 때는 다시 너무 멀어진다. 거리가 멀어지면서 서로를 잇는 '선'이

끊어진다면 다시 가까이 다가가서 그 선을 이어야 한다. 친구를 생각하고 친구를 위해 시간을 내고 함께 이야기를 나누며 명확한 애정과 호감을 보여서 새로운 관계의 계기로 삼아야 한다. 반드시 항상 곁에 있을 필요는 없다. 특히 오래 나눈 우정은 항상 곁에 있기를 요구하지 않는다. 친구는 멀리 있어도 가까울 수 있는 사이이다.

가까운 거리가 오히려 갑갑하게 느껴질 경우, 관계는 원하건 원치 않건 다시 멀어진다. 이 단계에선 공통점을 찾기보다 차이에 더 관심을 둔다. 감격이 넘치던 자리엔 관계가 생각처럼 멋지지 않다는 실망감이 들어선다. 계기는 사소하다. 친한 친구 사이에서도 흔히 일어날 수 있는 크고 작은 혼선이 불화의 계기가 된다. 너무 자주 만나면 상대의 부정적 습관을 안 보려야 안 볼 수가 없는 것이다.

이런 혼선에 어느 정도의 가치를 부여하느냐가 우정을 좌우한다. 우정을 잃고 싶지 않다면 그런 혼선에 큰 의미를 부여하지 않을 것이고, 그보다 더 중요한 것이 있다는 생각을 하게 될 것이다. 그래서 무슨 일이 있어도 관계를 유지해야 한다는 결론에 이를 것이다.

반대로 가까이 있는 것이 부담스럽고 거리가 필요하다면 사소한 혼선에도 큰 의미를 부여할 것이다. 그래서 거리가 생기면 각자가 회복에 필요한 자신만의 자유 공간을 찾을 것이다. 따라서 거리 확보라는 목표를 이루기 위해서라도 니체의 말처럼 "적을 사랑할 뿐 아니라 친구를 미워할"(『차라투스트라는 이렇게 말했다』) 수 있어야 한다. 물론 영원히 미워하라는 말은 아니고 잠시만 거리를 두라는 뜻이다. 그럴 이유는 충분히 많다. 우정이 선사하는 행복처럼 우정이 만들어내는 문제도 참으로 다양하니까 말이다.

1

관심 부족이 문제를 일으킨다. 의도치 않은 방심만으로도 문제는 충분히 발생한다. 누군가 지나가는 투로 이렇게 말한다. “어제 극장에 갔다가 네 친구 봤어.” 그 말을 들은 친구는 깜짝 놀라서 고개를 갸웃한다. “엉, 극장에서 봤어? 나한테는 아무 말 안 했는데.” 어떤 정보가 크게 중요하지 않다고 생각하여 알려주지 않았는데 친구가 딴 곳에서 그 정보를 전해 듣고는 오해를 해 상대 친구를 믿을 수 없는 사람이라고 의심하는 경우다.

그러니 친구의 삶에 생긴 큰 변화나 친구를 괴롭히는 난관에 대한 중요한 정보라면 더 말할 나위가 없다. 아무것도 모르고 있다가 남들보다 늦게 그 사실을 알게 된다면 당연히 친구의 우정을 의심하게 될 것이다. 서로의 최신 정보를 모르는데 그게 무슨 친구인가? 어려운 일이 생겨도 털어놓지 않는다면 어떻게 도움을 줄 수 있겠는가?

물론 친구에게 혼자만의 시간, 오롯이 자기 문제에 몰입할 수 있는 시간이 필요하다면 설사 친구의 관심이 줄었다 해도 이해 못 할 바는 아니다. 사방으로 무한정 관심을 뻗을 만큼 힘이 넘치는 사람은 세상에 없다. 하지만 관심 부족이 오랫동안 일방적으로 머문다면, 그래서 한쪽이 다른 쪽에게 장기적으로 더 많은 에너지와 시간과 경청의 귀를 선사한다면 어떻게 될까? 당연히 에너지를 쏟는 쪽의 마음에 물음표가 떠오를 것이다. 과연 상대는 이 우정을 계속 가꾸어 나갈 마음이 있는 건가? 하지만 먼저 나서 솔선수범하기가 힘들어서 소극적 자세를 취하는 것일 수도 있다. 정답이 후자라면 당연히 내가 먼저 나서서 다시 그와의 접촉을 시도하고 이런저런 제안을 하고 스케줄을 짜야 한다.

우정에 대해 깊이 생각할수록 다음과 같은 물음을 고찰해봐야 한다는 생각이 든다.
'자신의 나약함이나 필요성 때문에 우정을 원하는 것은 아닌가?'

_키케로

2

친구에 대한 비판도 문제를 일으킬 수 있다. 사실 우정이 오래가다 보면 언젠가 한 번은 불쑥 비판의 말이 튀어나오기 마련이다. 비판의 목적이 애당초 거리를 두려는 것일 경우엔 양쪽 모두 부담을 덜 수 있다. 당분간 만나지 않으면서 시간을 두고 관계를 다시 한 번 고민하면 그만이니까. 하지만 상대가 비판을 진짜 비판으로 받아들일 경우 관계는 힘들어질 수 있다. 그럼에도 잉게보르크 바흐만의 시집 『유예된 시간』에 수록된 시 〈모든 날들〉의 한 구절처럼 "친구 앞에서는 용맹"할 필요가 있다. **한쪽에선 비판할 용기가, 다른 쪽에선 그 비판을 받아들일 열린 마음이 있어야 참된 우정이 추구해야 할 우정의 윤리를 지킬 수 있는 것이다.**

비판을 받는 쪽에서 문제없이 받아들인다면 비판을 하는 쪽도 한결 마음이 가벼울 것이다. 따라서 비판을 받는 쪽에서는 너무 예민하게 반응하지 않도록 항상 조심해야 한다. 17세기 스페인의 철학자이자 신학자인 발타자르 그라시안은 『지혜의 기술』에서 말했다. "사람을 대할 때는 예민하게 굴지 마라. 우정을 나눌 때는 더욱 그러해야 한다." 그러자면 비판을 하는 쪽에서도 친구가 자신의 선의를 의심하지 않도록 배려해야 한다. 아무리 호된 비판도 선의에서 나온 것임을 상대가 굳게 믿도록 유의하고 신중해야 할 것이다. 그렇게만 된다면 그 친구들은 다른 사람들이 절대 해줄 수 없는 말도 서슴없이 할 수 있을 것이고 친구의 비판이 다른 어떤 사람의 비판보다 더 강력하고 유익하게 작용할 것이다.

우정의 특징인 '자유'는 진실도 서슴없이 말할 수 있게 한다. 서로 치레와 꾸밈을 기대하지 않아야 자신의 삶은 물론 공동의 삶도 개선할 수 있다. 또 그래야 아리스토텔레스가 우정의 윤리적 가치라고 생각했던 미덕을 잘 지켜나갈 수 있다.

우정 때문에 죄를 지었다는 말은 절대로 변명거리가 될 수 없다. 서로에 대한 우정은 바로 상대가 가진 미덕에 대한 신뢰를 바탕으로 해야 한다. 그러므로 어느 한쪽이 그 미덕을 저버린다면 우정은 존속할 수 없다.

_키케로

3

서로의 차이가 커지면 문제가 생긴다. 여기서 차이는 성격, 태도, 라이프스타일, 세계관, 의견, 판단 등 많은 것을 아우른다. 애당초 만날 때부터 많이 달라서 서로의 부족함을 보완할 수 있었던 우정도, 그 차이가 너그러이 보아 넘길 수 없을 만큼 커질 때가 있다. 예를 들어 한쪽이 어떤 결정을 내렸는데 다른 쪽이 정말 말도 안 되는 한심한 결정이라고 판단할 때 그렇다. 한쪽이 직장을 옮기려고 하는데 다른 쪽이 생각 없는 '성급한 결정'이라고 생각한다면 둘 사이에 괴리가 생긴다. 둘이서 함께 특별한 삶을 꿈꾸었는데 갑자기 한쪽이 이상을 접고 결혼을 하려고 한다면 다른 쪽이 심한 배신감을 느낀다. 물질을 좇지 않던 한쪽이 완전히 돌변해서 입만 열면 돈 이야기를 해댄다면 다른 쪽이 도저히 친구의 그런 세속적인 모습을 용납할 수 없을 것이다.

그래도 친구는 보통 같이 살지 않기 때문에 연인이나 부부와 달리 다투더라도 부담이 덜하다. 굳이 그 문제를 들먹이며 당장 화해를 시도해야 할 이유도 없다. 잠시 얼굴을 보지 않으면서 문제가 절로 해결되거나 조금 편해질 때까지 기다리면 된다. 그러나 문제가 개인적인 수준을 넘어서는, 출신과 기질에 뿌리를 둔 문화적 차이에서 온다면 극복하기가 상당히 힘들 것이다. 문화적 차이가 극복을 위한 개인의 모든 노력을 무참히 짓밟아버릴 수 있으니 말이다.

4

교육, 재산, 신분의 불균형이 커질 경우 문제가 생긴다. 처음에는 그런 불균형이 없었거나, 있더라도 두 사람의 우정에 큰 영향을 주지 않았을 테지만 언제까지나 그럴 수는 없다. 고대 그리스 속담에도 "우정은 동등함이다"라는 말이 있다. 어릴 땐 친구끼리 별 차이를 느끼지 못한다. 설사 불균형이 심하다고 해도 어릴 때는 문제없이 친구가 될 수 있다. 하지만 나이가 들면 저울의 기울기에 따라 우정도 변하기 쉽다.

한쪽은 쉼 없이 성공가도를 달리는데 다른 쪽은 그런 친구를 보며 한심한 자신의 처지를 곱씹을 수밖에 없다면 언제까지 친구의 성공에 환호할 수 있겠는가. 오스카 와일드도 『사회주의에서의 인간의 영혼』에서 이렇게 말했다. "친구의 아픔은 누구나 함께 아파할 수 있다. 하지만 친구의 성공을 함께 기뻐하려면 매우 고귀한 성품이, 실제로 진정한 개인주의자의 성격이 필요하다."

그럼에도 잘나가는 한쪽이 오만하지 않으려 노력하고 다른 쪽은 자신이 가진 것을 소중히 여긴다면 이런 문제를 어느 정도 해결할 수 있다. 부러움은 주로 자신의 상황이 불만족스러운 데서 생겨나기 때문이다. 또 부러운 마음이 반드시 미움이나 시기심을 낳는 것도 아니다. 부럽지만 친구가 많은 것을 가져서 진심으로 기쁠 수 있다.

불평등이 심해질 경우 나타날 수 있는 또 한 가지 반응은 아첨이다. 어쨌든 이것 역시 친구와 멀어지지 않으면서도 친구와의 거리를 극복할 수 있는 한 가지 방법이기는 하다.

아첨은 합당한 이유가 없어도 상대를 지지한다. 그리고 날로 커지는 상대의 가능성에 동참하여 득을 볼 수 있으리라고 기대한다. 하지만 친구 간에는 아첨하기보다는 잠시 우정을 접고 이 관계가 앞으로 어떻게 흘러갈지 운명에 맡기는 편이 더 바람직할 것 같다. 우정이 어디로 흘러갈지 그냥 담담히 지켜보는 시간이 필요한 것이다. 그러다 보면 언젠가 다시 두 사람의 관계가 참된 우정이 될 때가 찾아올지도 모른다.

삶이 끝나는 날까지 우정을 이어나가는 것보다 더 어려운 일은 없다고 나의 친구 스키피오는 입버릇처럼 말했다. 그만큼 우정을 방해하는 요소가 많다는 이유에서다. 서로 의견이 달라서 갈등을 겪거나, 정치에 대한 견해가 달라서 우정이 깨지기도 하고, 갑작스러운 불운 때문에 혹은 나이가 들면서 사람의 성격이 달라지는 경우도 있다는 것이다. 운 좋게 소년 시절의 감정이 청년기까지 이어지더라도 뒤늦게 파경에 이르는 경우도 있다고 말했다. 우정을 유지하는 데 방해가 되는 가장 큰 장애물은 대부분 금전에 대한 욕망이다.

_키케로

5

우정이 과열되면 양쪽 모두에게 문제가 생긴다. 한쪽이 다른 쪽에게 너무 많은 것을 베풀거나 일방적으로 도움을 줄 경우엔 선의가 오히려 우정에 부담이 될 수 있다. 저울이 이렇듯 한쪽으로 휘청 쏠렸는데 어떻게 균형을 회복할 수 있겠는가? 막스 프리쉬가 어릴 적 친구 베르너 코닝크스와 절연한 이유도 아마 그 때문일 것이다. 유복한 집안의 아들 코닝크스는 가난한 프리쉬에게 입던 옷은 물론이고 해박한 지식과 교양을 전해주었고 심지어 대학 학자금까지 지원했다. 프리쉬의 작품은 친구의 호의에 보답하는 멋진 답례품이 아니었을까?

하지만 예술에 조예가 깊었던 코닝크스는 프리쉬의 작품을 그리 높이 평가하지 않았고, 실망한 프리쉬는 훗날 자서전적 단편소설 『몬타우크』에서 "평생 감사해야 한다는 부채감"에서 해방되고자 옛 친구를 "근본적 재앙"이라고 비난했다.

과도한 선행만 우정을 힘들게 하는 것이 아니다. 지나친 부담도 우정을 괴롭힌다. 어려움이 생길 때마다 친구에게 달려가 호소를 해대면 상대 친구는 감정의 쓰레기통이 된 듯한 기분이 들 것이다. 그런 상태가 오래 계속될 경우 과도한 부담에 지친 친구는 마침내 더 이상의 쓰레기는 받지 않겠다고 선언할 것이다. 물론 친구에게 부담이 되는 수준이 어느 정도인지는 객관적으로 정해진 바 없다. 친구의 주관적인 상태에 따라 다를 것이고, 또 시간이 흐르는 동안 쌓인 쓰레기의 양에 따라서도 달라질 터이다. 올바른 정도를 감지하는 감각은 경험과 사려의 결과이며, 그 못지않게 감정의 역할도 크다. 어떤 문제를 친구에게 이야기하기 전에, 그것이 적정 수준을 넘어서는 것이라는 느낌이 든다면 입을 다물고 자제하는 것이 좋다. 만약 이야기를 한 후에 선을 넘었다는 생각이 들거든 망설이지 말고 즉각 균형을 회복할 방법을 고민하고 실천해야 한다.

우정의 고삐는 가능한 한 느슨하게 잡고, 때에 따라 조금 당기거나 늦출 수 있어야 한다. 행복한 삶의 근원은 근심으로부터 자유로워지는 것인데, 다른 사람 때문에 걱정이 쌓이다 보면 그 누구도 행복한 삶을 영위할 수 없다.

_키케로

6

연인처럼 친구 사이도 돈 문제로 틀어질 수 있다. 한쪽이 물질적으로 어려움을 겪으면 다른 쪽이 돈을 주거나 빌려준다. 아리스토텔레스가 인용한 피타고라스 학파의 명언에 따르면 "친구끼리는 모든 것이 공용이다." 따라서 어려운 친구에게 돈을 주는 것은 전혀 우정의 윤리에 어긋난 행동이 아니다. 그러나 그 결과로 자칫 친구가 모든 것을 대신해줄 것이라는 무분별한 안도가 자리할 수 있다. 모든 것이 공용이라면 빌린 돈을 서둘러 갚아야 할 이유가 없지 않은가.

돈 때문에 우정을 잃고 싶지 않다면 빌린 돈을 돌려줄 날짜를 확실히 정하고 그 약속을 칼같이 지켜야 한다. 그러지 않으면 몇 푼 안 되는 돈 때문에도 우정이 흔들릴 수 있다. 돈을 준 친구는 자기 돈을 대수

롭지 않게 취급하는 상대 친구를 보며 진정한 친구가 아니라는 확신을 품게 된다. 거꾸로 돈을 받은 사람은 진정한 우정이라면 돈 따위는 문제가 안 된다고 생각한다. 따라서 친구와 오래오래 우정을 이어가고 싶다면 될 수 있는 한 돈을 주고받지 않는 것이 좋다.

보증도 마찬가지다. 보증은 친구 대신 내가 일방적으로 의무를 지기로 약속하고 제3자와 맺은 계약이다. 보증을 서는 순간에는 별문제가 없을 것 같지만 막상 제3자로부터 의무를 지키라는 요구가 날아오면 마음이 편할 리가 없다. "자네가 필요하다면 내 재산은 마지막 한 푼까지 자네에게 아낌없이 주겠네." 윌리엄 셰익스피어의 희극 『베니스의 상인』에 나오는 안토니오도 우정을 위해 선뜻 보증을 섰지만, 별생각 없이 날인한 그 계약서는 그에게 참으로 극심한 곤욕을 안겨주었다.

#7

섹스 문제가 얽히면 사랑도 우정도 곤란을 겪기 마련이다. 물론 친구끼리는 이성 간에도 섹스를 하지 않는다. 문제가 되는 경우는 친구가 이미 관계를 맺고 있거나 관심을 보이는 사람에게 다른 한 친구가 실질적인 액션을 취하거나 그럴 가능성을 보일 때다. 친구 중 어느 한쪽이 월등하게 매력적인 경우에는 그 사실만으로 이미 불안한 분위기가 조성된다. 한쪽은 섹시한데 다른 쪽은 그렇지 않을 경우 쉽사리 질투와 시기심이 피어오를 수 있으니 말이다.

성적 매력은 흥미롭고 강렬한 경험을 선사해주는 특성이다. 따라서 그 부분을 건드릴 경우 제아무리 친한 친구라 해도 예민해지기 마련이다. 친구가 라이벌이 되고 질투와 시기심이 난무하며 상처와 실망이

끝없이 되풀이된다. 왜 이런 주제의 소설이 오래도록 인기를 끌겠는가?

친구는 같은 자원을 두고는 경쟁하지 말아야 한다! 우정을 지키려면 관심 분야를 갈라서 서로의 영역은 절대 침범하지 않는다는 규칙을 정할 필요가 있다. 우정의 윤리를 거론하고 터부를 정할 것이며 친구의 연인이나 배우자는 절대적 불가침의 영역으로 선포해야 할 것이다. 같은 사람에게 동시에 마음이 끌리는 경우에는 미리 대화를 통해 어느 쪽이 계속 노력할 것인지 합의를 봐야 한다. 오스카 와일드의 『진지함의 중요성』에서 앨저넌과 잭도 그 사실을 명심했더라면 참 좋았을 것이다. 물론 그랬다면 코미디의 매력은 사라졌을 테지만 소설이었으니 그나마 코미디로 끝났지, 현실이었다면 틀림없이 엄청난 비극으로 끝났으리라.

8

권력을 상대에게 영향을 미칠 수 있는 가능성으로 이해할 경우 권력 문제도 우정의 걸림돌이 될 수 있다. 친구는 그저 존재한다는 사실만으로도 서로에게 엄청난 영향을 미친다. 그런 면에서 우정은 그 자체로 이미 권력에서 완전히 자유롭지 못하다. 그런데 이것에 더해 친구끼리 영향력 확대를 두고 다툼을 벌인다면 같은 눈높이로 서로를 바라보는 우정의 참모습은 크게 훼손되고 말 것이다.

아무리 선의라고 해도 명백한 영향력 행사는 관계를 망칠 수 있다. 예를 들어 친구에게 "그 사람들이랑 만나지 마. 계속 만나면 너랑 절교할 거야" 같은 말로 선택을 강요하는 행위가 대표적이다. 최후통첩으로 상대에게 어떤 것을 강요하거나 양보를 요구하는 짓은 무모하다. 우정은 결코 승자와 패자의 관계가 아니기 때문이다.

상대의 자기결정권을 존중하는 것이 우정이 쌓아가야 할 윤리의 터전이다. 우정은 지배 관계가 아니다. 친구는 모든 권력 행사를 포기할 때만 권력에서 자유로운 유토피아를 실현할 수 있다. 권력에서 자유로운 유토피아는 사실 우정이 아니면 그 어떤 관계에서도 실현할 가능성이 희박하다. 따라서 강요나 협박을 통해 권력을 행사하기보다는 차분한 말로 자신의 입장에서 문제를 지적하는 편이 훨씬 효과적이다. "내가 네 입장이라면 나는 이런 이유로 이렇게 할 거야. 네 생각은 다를 수 있겠지만 나는 네가 내 생각을 알고 내가 지적한 모든 이유를 찬찬히 따져보았으면 좋겠어. 물론 결국은 너의 선택이고, 네가 어떤 선택을 하건 나는 그 선택을 존중할 거야."

부자나 고관대작, 권력자에게는 특히 친구가 필요하다. 선행은 대개 친구에게 베풀 때 가장 칭찬받을 만한데, 만약 선행을 베풀 기회가 없다면 그들에게 그런 부귀영화가 무슨 소용 있겠는가? 또한 부귀영화가 친구들 없이 어떻게 보전되고 유지될 수 있겠는가? 부귀영화는 크면 클수록 더 위태로운 법이다. 가난하거나 그 밖의 다른 불운을 당할 때 친구는 유일한 피난처다.

_아리스토텔레스

9

때로 권력의 문제와 얽힌 충성의 문제도, 충성을 요구하고 불충을 제재하는 우정의 방식도 몹시 풀기 힘든 문제다. "지금 네가 내 편을 들지 않으면 넌 이제 내 친구가 아냐!" 이런 건 꼭 말로 하지 않아도 안다. 말하지 않아도 이런 협박은 자연스럽게 상대에게 전달된다.

그렇다면 친구가 제3자에게 부당한 짓을 하더라도 나는 반드시 친구 편을 들어야 할까? 친구와 다른 사람을 두고 한쪽 편을 들어야 하는 상황도 어렵기는 마찬가지다. 다른 사람이 더 중요해서 잠시 친구를 홀대하면 친구는 당연히 이 우정이 쾌락이나 이익의 우정에 불과하다고 의심하게 될 것이다.

두 친구가 나를 사이에 두고 둘로 갈라져 둘 다 나

를 자기편으로 끌어들이려고 할 경우, 딜레마는 더 커진다. 이제 어쩌지? 내 자리가 어디지? 어느 편도 들지 않고 중립을 지키기란 생각처럼 쉽지 않다. 그렇다고 양쪽 다 옳다고 편을 들어줄 수도 없다. 이미 갈라선 두 친구는 아무리 내가 애를 써도 절대 상종하려 하지 않을 테고, 내가 어떤 쪽을 선택하건 남은 쪽은 나를 용서하지 않을 것이다. 선택할 수 없는 딜레마의 상황에서는 그 어떤 윤리도 힘을 쓰지 못한다. 우정의 윤리도 마찬가지다. 그러니 상황이 변하리라는 기대를 안고 잠시 더 어정쩡한 상태로 견뎌볼 수도 있겠지만 선택의 순간이 온다면 단호하게 결정을 내리고 자신의 선택에 책임을 져야 할 것이다.

#10

앞의 여러 문제들에 비하면 가상 우정의 문제는 사실 문제도 아니다. 인터넷 세상에서는 신청을 해서 승낙만 받으면 누구나 친구가 될 수 있으므로 친구의 숫자는 무한대로 늘어날 수 있다. 한편으로 가상 우정은 고독을 막아준다. 적어도 겉보기에는 그렇다.

그러나 오히려 온라인에서 새로운 형태의 고독을 경험할 가능성도 크다. 온라인의 우정은 어쨌거나 가상이 본질이기 때문이다. 결코 완벽한 인간이 곁에 있는 것이 아니며 사실 상대가 어떤 사람인지도 불분명하다. 그래서 친구 신청이 올 때마다 매번 수락을 할지 거절을 할지 고민해야 한다.

하지만 몇 가지 질문에는 혼자서도 답할 수 있다. 이 우정이 외로움을 피하기 위한 순간의 대용품에 불과한가? 아니면 그 이상인가? 내가 원하는 순간 모두와 연결될 수 있다는 순간적 쾌락에 불과한가? 아니면 그 이상인가? 한번 뱉은 개인 정보는 인터넷망에서 영원히 사라지지 않을 텐데 내가 사적인 것을 너무 많이 누설하는 건 아닐까? 내가 발설한 나의 생각과 기분이 뜻밖의 목적에 이용되는 것은 아닐까? 가상의 우정이 제품을 잠재적 고객에게 알리기 위한 상업적 목적에 너무 자주 악용되지는 않는가?

자신의 삶 전체를 네트워크에 쏟아낼지 말지는 개인의 결정이다. 어차피 가상의 세계는 제한적이므로 그 세상에 있지 않을 때는 다시 아날로그 방식으로 우정을 쌓아갈 수 있다. 인터넷에 접속하지 않아도 얼굴을 마주 보며 술 한잔 나누고 가까워질 수 있는 시간, 온전한 인간으로서의 실존을 내 안에서 느낄 수 있는 그런 시간이 우리에게 남아 있다.

우정이 끝나면 어떻게 될까? 우정의 끝은 사랑과

달라서 꼭 극적인 통보를 할 필요는 없다. 이제 그만 끝내자는 선언도, 분노를 담은 짧은 메시지도 필요치 않다. 그래도 아리스토텔레스는 옛 친구는 최대한 "한때 가까웠던 기억을 간직하는 것이" 좋다고 충고했다. 사람들은 오랫동안 이 목적을 위해 휴가지에서 엽서를 보냈지만 지금과 같은 디지털 세상에선 엽서의 역할을 휴대전화로 전송한 사진이나 동영상이 대신한다. 막스 프리쉬는 친구에게 마지막으로 "그의 50번째 생일을 축하하는 또 한 통의 전보를 로마에서"(『몬타우크』) 보냈다.

서로 우정을 가꾸지 않더라도 우정은 사라지지 않고 그냥 '잠을 잔다.' 잠을 자면서 우정이 보존되고 휴식한다. 우정은 오래 멈추어 있다가도 다시 만나면 언제 그랬냐는 듯 되살아나 이음새 없이 부드럽게 연결된다. 따라서 우정이 흩어지는 과정을 멈추고 싶을 때는 그냥 한쪽이 다른 쪽에게 다가가 명확하게 관심과 호의를 보이기만 하면 된다. 우정은 금세 되살아

날 수 있다.

친구는 오래 보지 않았어도 금방 예전처럼 다시 친해진다. 마치 어제 본 듯, 시간이 전혀 흐르지 않았던 듯 친숙해질 수 있다. 사랑하는 연인은 꼭 이별을 하지 않았어도 잠시만 떨어져 있으면 어색해서 다시 친밀해지려 노력해야 한다. 연인의 친밀함은 서로의 세계가 겹치기 때문에 생기는 것인데, 예전 상태는 오래 저장될 수 없기 때문에 만날 때마다 매번 새롭게 서로의 세계를 교차시키기 위해 노력해야 한다. 따라서 다시 가까워지지 못한 사랑은 우정보다 훨씬 더 큰 영향을 연인들의 삶에 미치기 마련이다. 이런 사랑의 제약이 언젠가 우정의 열린 마음으로 부드러워질 수 있을까? 그 대답은 실질적인 노력만이 들려줄 수 있을 것이다.

4장

가장 좋은 친구, 나 자신과 친해지기

아리스토텔레스가 『니코마코스 윤리학』에서 말했듯 모든 우정은 자신과의 우정을 바탕으로 삼는다. **누군가와 친구가 되기 위해 자신을 포기해서는 안 될 일이다. 자신과 원만하게 지내며 자신을 좋아하는 사람이 남도 좋아하고 남을 위해 헌신할 수도 있다.** 자신과의 관계는 인생의 많은 것을 세워갈 기초 터전이다. 그 누구도 피할 수 없다.

우리 모두는 어떻게든 자신과 어울려 살아야 한다. 하지만 과연 이것은 어떤 종류의 인간관계란 말인가? 자신과의 관계는 어떤 모습일까? 두 사람, 혹은 여러 사람이 있어 서로 관계를 만들어나갈 수 없는데 말이다. 그래서 자신과의 관계를 불안한 눈으로 바라보는 사람들도 많다. 자신과의 관계를 타인과의 관계보다 앞세워도 될까? 그건 지나친 이기주의가 아닐까?

그러나 많은 현대인들이 안고 사는 기본 문제는 자기 걱정이다. 삶의 원동력으로 삼아야 할 에너지를 사방에서 빼앗아가기 때문이다. 가정에선 가족이, 일터에선 온갖 업무가, 거리에선 광고판이, 인터넷에선 수천 가지 가능성이, 각종 매체에선 언제나 넘쳐나는 정보와 소통의 강물이 우리의 에너지를 앗아간다. 스스로도 과도한 요구로 자신을 혹사한다. 남들보다 높이 오르려는 욕심, 무슨 일이든 완벽해야 한다는 요구가 오히려 자신을 잃게 만든다. 창의적이고 독창적인 아이디어의 샘물이 되고 싶고, 영원한 젊음을 간직하고 싶고, 실패와 상처와 질병과 노화와 죽음 같은 모든 나쁜 일을 최대한 피하고 싶다. 그런 애달픈 노력에 함몰되어 삶의 에너지를 잃어간다. 참으로 가망 없는 헛된 노력이 아닐 수 없다.

자신과 우정을 쌓자면 먼저 자신에게 관심을 기울

여야 한다. 타인의 관심을 받지 못하면 무시당하는 기분이 들듯 자신의 관심을 받지 못해도 무시당하는 기분이 된다. 자신에게 관심을 갖는 계기는 각자 다르다. 자기 안에서 일어난 충동일 수도 있고 타인과의 대화일 수도 있다.

자신이 자신에게 관심을 갖는다는 건 과연 누가 누구에게 관심 갖는 것일까? 상상의 자아(한 자아가 자신의 자아라고 상상하는 것)가 현존의 자아(거울과 경험에 비친 실제의 자아)에게, 혹은 현존의 자아가 상상의 자아에게 관심을 갖는 것이다.

관심은 수많은 부분으로 이루어진 자아의 모든 측면을 아우른다. 온갖 욕망과 욕구를 가진 신체, 온갖 의식적 감정과 무의식적 감정을 가진 영혼, 온갖 이상과 생각을 가진 정신 그리고 자아가 타자, 자연, 세계와 맺은 관계에 이르기까지 모든 측면을 아우른다. 자신에게 관심을 갖는다는 것은 자기 안에 어떤 힘이 꿈틀대는지, 어떤 두려움, 용기, 장단점, 소망, 가능성이 살아 숨 쉬는지 더 주의 깊게 인식하는 일이다.

쉼 없이 자신에게 물어보자. 내게 무슨 일이 벌어지고 있나? 내 안에서 어떤 목소리가 소식을 전하는가? 그 의미는 무엇인가? 내 주변에서 무슨 일이 일어나고 있는가? 그것이 내게 갖는 의미는 무엇인가? 거기에 나는 어떤 대답을 할 수 있는가?

그 누구도 자신을 대신해 이 질문에 답할 수 없다. 자기 성찰을 통해 자기 안에서 의미를 찾을 수 있다. 다시 말해 자아의 다양한 측면들, 자아의 익숙한 면모와 생소한 면모, 능력과 무능, 확신과 불안, 희망과 두려움, 선호와 혐오, 습관과 비전의 관계를 규명할 수 있다.

이처럼 자신을 향한 관심과 자기 성찰, 자신을 향한 정직함은 모두 현존의 자아와 상상의 자아를 알기 위한 것이다. 따라서 자신을 풍요롭게 경험하고 비판적으로 관찰하면 자신을 파악할 수 있을 것이고 어느 정도 확신을 갖고 이렇게 말할 수 있을 것이다. "난 나를 알아."

자기 파악은 자기 인식의 온건하고 실용적인 형태이며 실천할 수 있는 기준이다. 델피 신전에 적힌 "너 자신을 알라"라는 유명한 문구 밑에는 이런 말이 덧붙어 있다. "그 어떤 것도 지나치지 않게." 모든 자기 파악은 다음 단계로 나아가기 위한 조건일 뿐이다.

외부로부터 함부로 규정당하고 싶지 않은 현대인이 반드시 이루어내야 할 일, 즉 자기 규정은 자신을 향한 관심과 자기 성찰, 자기 파악을 바탕으로 한다. 그 누구도 내가 누구인지 말해줄 수 없는 현대인의 기본 상황에 답을 줄 수 있는 것이 바로 자기 규정이다. 바흐의 칸타타 132번에서 베이스 아리아는 노래한다. "율법에 물어보아라. 네가 누구인지 말해주리라." 여기서 말하는 율법이란 개인에게 그가 신의 자녀이며 신의 명령을 따라야 한다고 가르치는 성서와 종교적 해석의 형이상학적 원칙이다.

현대의 상황은 다르다. 당신이 누구인지는 당신 자

신에게 물어보아야 한다. 운이 좋다면 좋은 친구가 곁에 있어 바깥에서 객관적으로 바라본 당신의 모습을 전해줄 것이다. 혹은 심리상담가가 친구 역할을 대신할 것이다.

자기 규정을 하자면 다양한 측면들을 관통하는 핵심 자아를 파악할 필요가 있다. 왔다 갔다 유동하는 자아는 자신은 물론 타인과도 신뢰 깊은 관계를 유지할 수 없다. 그럼 어떻게 나의 핵심 자아를 파악할 수 있을까? 다음 일곱 가지 질문이 도움을 줄 것이다.

흔히 사람들은 자기 자신을 사랑하는 사람을 비난하고 비하하며, 친구를 더 많이 사랑해야 한다고 말한다. 그런데 친구란 무엇인가. 가장 좋은 친구란 알아주는 이나 대가가 없이도 상대방이 잘되길 바라는 사람이다. 그리고 이런 전제는 자기 자신과의 관계에서 가장 잘 적용될 수 있다. 타인에게 느끼는 우애의 감정은 자신에게 느끼는 감정이 확장된 것이기 때문이다. 저마다 자신이 자기 자신의 가장 좋은 친구이므로 먼저 자신을 사랑해야 한다.

_아리스토텔레스

#1

내가 가장 소중하게 생각하는 사랑과 우정의 관계는 무엇인가? 타인과의 관계는 그게 무엇이든 자신과의 관계에 지대한 영향을 미치지만 어느 것이 가장 중요한 관계인지는 오직 자신만이 결정할 수 있다. 내가 특별한 정성과 애정을 쏟아 유지하고 싶은 관계는 무엇인가? 어떤 관계인가?

2

내 인생에서 가장 중요한 경험은 무엇인가? 현대인은 매일 엄청나게 많은 경험을 한다. 따라서 중요한 것과 그렇지 않은 것을 골라내지 못한다면 경험의 물결에 휩쓸려 자신을 잃어버릴 수 있다. 떠올리자마자 자신을 재발견할 수 있는 진정한 경험은 무엇인가?

3

평생 좇고 싶은 꿈은 무엇인가? 나의 믿음, 나의 길, 인생의 목표, 이상, 동경은 무엇인가? 꿈이 있어야 인생이 어디로 나아갈지, 무엇을 위해 살지 알 수 있다. 친구나 지인이 옆에서 이런저런 조언을 해줄 수는 있겠지만 꿈이나 목표 역시 결국 내가 아니면 그 누구도 대신 찾을 수 없다.

4

내가 높이 사는 가치는 무엇인가? 나는 어떤 가치를 실현하기 위해 노력할 것인가? 우리 사회엔 가치의 상실을 애석해하는 사람이 많지만 사실 그것은 너무 많은 개인이 가치 실현을 위해 아무런 노력도 하지 않기 때문이다. 모두가 숭고한 가치를 위해 노력한다면 이 사회는 훨씬 더 아름다운 곳으로 바뀔 것이다.

5

나는 어떤 습관을 유지하고 싶은가? 무엇이든 습관이 들면 애쓰지 않아도 절로 할 수 있다. 따라서 습관은 안정과 여유를 가져다준다. 내가 바라는 습관은 무엇인가? 어떤 성격을 습관처럼 나의 일부로 만들고 싶은가? 아량을 베푸는 여유 있는 마음, 안달복달 조급하게 굴지 않는 느긋한 자세, 이럴까 저럴까 망설이지 않고 단호하게 밀고 나가는 에너지, 매일 웃는 얼굴…… 이런 습관을 키워보는 건 어떨까?

6

이유 없이 엄습하는 두려움이 있는가? 어떤 상처, 어떤 트라우마가 있는가? 그 상처와 아픔을 억지로 몰아내려 하지 않고 나의 일부로 받아들일 수는 없는가? 상처를 외면하고 트라우마를 억압하려면 엄청나게 많은 에너지가 소모된다. 그리고 사실상 그런 노력은 무의미하다. 차라리 그런 것들까지 나의 일부로 받아들이면 남는 에너지로 유익한 일을 많이 할 수 있다. 트라우마를 내 것으로 받아들이는 데는 마지막 일곱 번째 질문이 큰 도움이 될 것이다.

7

내 인생의 방향키로 삼을 만한 아름다운 것이 있는가? **무조건 "그렇다"라고 대답할 수 있는 아름다운 순간, 장면, 일, 즐거움, 대화, 생각이 있는가?** 그런 아름다운 순간, 아름다운 것들은 삶에 의미를 부여하고 무한한 힘을 제공하기에 아무리 고단한 인생의 고개도 거뜬히 넘을 수 있게 도와준다.

타인과의 우정이 그러하듯 자신과의 우정도 일방적이지 않아야 한다. 자신이라는 친구를 따뜻한 마음으로 보듬어 안아야 하며 마음의 빗장을 활짝 열어젖혀야 한다. 자신과 사이가 좋지 않고 자신을 피해 달아나 타인에게서 망각을 찾는 사람은 자신과 우정을 쌓을 수 없다. 아리스토텔레스의 말대로 그는 '사랑할 만한 것'을 갖추지 못한 사람이며 자신에게 '다정한 느낌'을 품지 못하는 사람이다.

자신과 원만하게 지내는 사람은 그렇지 않다. 그런 사람에게선 영혼에까지 와 닿는 터치가 느껴진다. 자기 안의 이질적인 것들을 억지로 몰아내려 애쓰지 않고 그 이질적인 것들과도 원활한 관계를 맺는다. 설사 자기 안의 다른 것, 낯선 것과 친구가 되지는 못하더라도 그런 것이 존재하며 그것이 자기 일부라는 사실을 인정하고 받아들인다. 따라서 자신과의 우정은 자기 안에 숨은 유해한 적의를 줄일 수 있다. 자신의 모든 것을 너른 품에 감싸 안아줄 것이기 때문이다.

자신과 사이가 나쁘면 자신과 싸우느라 남을 돌아볼 여력이 없다. 나와 사이가 좋아야 남과도 잘 지낼 수 있는 이유가 그것이다.

자신과의 우정이 깊어지면 자기애에 이를 수 있다. 그리스어 'philautia(필라우티아)'에는 자신과의 우정이라는 뜻도 있지만 자신에 대한 사랑이라는 뜻도 있다. 성서에도 그런 말이 있지 않은가? "네 이웃을 너 자신처럼 사랑하라."(「마태복음」, 「누가복음」, 「출애굽기」) 성서는 '너 자신처럼'이라고 했지 '너 자신을 대신하여'라고 하지 않았다. 자기애는 이웃 사랑의 토대이자 조건이다.

그러나 우리는 흔히 자기애를 자기만 아는 이기주의로 오해한다. 과연 진정한 자기애와 이기주의의 차이는 무엇일까? 어디가 경계선일까? 아리스토텔레스가 확실한 경계선을 그어 그 둘을 나누었다. 바로 목적이다.

자기애는 자기애 그 자체가 목적이지만 이기주의의 목적은 오직 자신이다. 후자의 태도는 도덕적으로 문제가 있을뿐더러 무엇보다 자신에게 해롭다. 관심이 오직 자신만을 향하고 있으므로 자신에게 매몰되어 자꾸만 남들과 멀어지고, 결국 타인의 지원과 도움을 받을 수 없게 된다.

진정한 자기애는 거꾸로 타인과의 관계를 지지한다. 타인과 우정과 사랑을 나눌 수 있도록 힘껏 돕는다. 그것이 바로 이타적 자기애다. 이런 자기애는 타인에게 다가가 타인과 손잡을 수 있는 힘과 에너지를 선사한다. 이런 방식으로 자신을 사랑하는 사람은 타인과 자유로운 관계를 맺을 수 있고 굳이 타인을 수단으로 삼지 않고도 자신을 찾고 자신의 욕구를 만족시킬 수 있다. 그러면 타인과의 관계는 직접적인 이익에서 자유로운 만큼 풍요로워진다. 이것이 다시 자신에게 유익하게 돌아오는 이유는 결국 인생이란 혼자 사는 것이 아니라 타인을 통해서 넓고 깊어지기 때문이다. 따라서 타인을 향한 시간은 자신을 버리는 시간이 아니라 자기 충만의 순간이다.

타인을 향한 애정의 핵심은 자신을 향한 애정이요, 자신과 나누는 우정이다. 그것을 무책임한 이기주의로 폄하해서는 안 된다.

만약 천상으로 올라가 저 우주의 온갖 비밀과 아름다운 별자리를 한눈에 볼 수 있다고 해도 이러한 즐거움을 함께 나눌 사람 없이 오롯이 혼자라면 전혀 행복하지 않을 거라는 옛말은 꼭 맞다. 인간이란 본성적으로 혼자 있는 것을 싫어하고 언제나 기댈 수 있는 누군가를 찾게 마련이다. 가장 가까운 친구는 인생 최고의 버팀목이다.

_키케로

옮 긴 이
장 혜 경

연세대학교 독어독문학과를 졸업하고 같은 대학 대학원에서 박사 과정을 수료했다. 독일 학술교류처 장학생으로 하노버에서 공부했다. 현재 전문 번역가로 활동 중이다. 옮긴 책으로는 『처음 읽는 여성 세계사』 『숲에서 1년』 『나무 수업』 『자전거, 인간의 삶을 바꾸다』 『우리의 노동은 왜 우울한가』 『나는 왜 무기력을 되풀이하는가』 『삶의 무기가 되는 심리학』 등이 있다.

우리가 정말 친구일까

1판 1쇄 펴낸 날 2019년 10월 25일

지은이 | 빌헬름 슈미트
옮긴이 | 장혜경

편 집 | 안희주
교 정 | 심재경
경영지원 | 진달래

펴낸이 | 박경란
펴낸곳 | 심플라이프
등록 | 제2011-000219호(2011년 8월 8일)
주소 | 경기도 파주시 광인사길 88 3층 302호 (문발동)
전화 | 031-941-3887, 3880
팩스 | 031-941-3667
이메일 | simplebooks@naver.com
블로그 | http://simplebooks.blog.me

ISBN 979-11-86757-50-5 02100

• 이 도서의 국립중앙도서관 출판시도서목록(CIP)은
서지정보유통지원시스템 홈페이지(http://seoji.nl.go.kr)와
국가자료공동목록시스템(http://www.nl.go.kr/kolisnet)에서
이용하실 수 있습니다.(CIP제어번호: 2019037968)